Samuel Cameroun

Voici le grand signe de la fin des temps, du retour de Jésus-Christ

Samuel Cameroun

Voici le grand signe de la fin des temps, du retour de Jésus-Christ

Éditions Croix du Salut

Imprint
Any brand names and product names mentioned in this book are subject to trademark, brand or patent protection and are trademarks or registered trademarks of their respective holders. The use of brand names, product names, common names, trade names, product descriptions etc. even without a particular marking in this work is in no way to be construed to mean that such names may be regarded as unrestricted in respect of trademark and brand protection legislation and could thus be used by anyone.

Cover image: www.ingimage.com

Publisher:
Éditions Croix du Salut
is a trademark of
International Book Market Service Ltd., member of OmniScriptum Publishing Group
17 Meldrum Street, Beau Bassin 71504, Mauritius
Printed at: see last page
ISBN: 978-613-7-37212-8

Vingt Quatrième Etude Biblique / 27

VOICI LE GRAND SIGNE DE LA FIN DES TEMPS, DU RETOUR DE JESUS-CHRIST.

PROLOGUE SUR LA...

Collection de la série chrétienne : " QUE CELUI QUI LIT FASSE ATTENTION ! " (Mathieu 24 : 15)

Au cours de notre marche spirituelle, nous aborderons les fondamentaux de la saine doctrine chrétienne qui en est la colonne et l'appui de la vérité. D'après l'apôtre Paul encourageant son fidèle compagnon dans 1 Timothée 3 : 14 – 15 il lui écrit : « *Je t'écris ces choses, avec l'espérance d'aller bientôt vers toi, mais afin que tu saches, si je tarde, comment il faut se conduire dans la maison de Dieu, qui est l'Église du Dieu vivant, la colonne et l'appui de la vérité* ». A la suite de l'apôtre Paul, les études de cette série, coupleront tout au long, les thèmes de la doctrine biblique à ceux de la prophétie, car Jésus-Christ exhortant fraternellement l'Eglise qui en est " Membre de son Corps " est toujours présent aux côtés des siens. Pour cela, les enseignements de la présente collection s'appuieront essentiellement sur les livres conjoints de la *Révélation* (*Apocalypse*), juxtaposé à celui de *Daniel*, pour confirmer cette bonne nouvelle du message de l'évangile. Puisque, arrivés à la fin des siècles, la doctrine évangélique, les dix commandements de Moïse et la prophétie ont été recommandés précieusement aux chrétiens authentiques, pour leur servir de boussole dans l'obscurité des ténèbres du mal. Ceci en raison de l'esprit d'égarement qui a conduit à l'apostasie doctrinaire, désormais rendue très populaire, parmi toutes ces communautés de prétention chrétienne que la Bible nomme de « *Babylone La Grande La Mère des Impudiques* ! » *Apocalypse 17 : 5.*

Aussi, devons-nous chercher Dieu avec toutes nos forces, nous qui sommes la génération parvenue au terminal de l'histoire de ce monde destiné à sa ruine imminente et éternelle! C'est Jésus seul, qui en a déterminé les conditions de salut pour quiconque veut sincèrement échapper en sortant de ce monde d'impies. Car il le déclare solennellement : « *personne ne peut venir à lui si le Père ne l'attire...* » Cependant une fois venue au Seigneur, sachons également que

Jésus ajoute : « *nul ne peut aller à Dieu sans passer par Lui (Jésus)* ». Finalement quel est le but de notre marche chrétienne ? Et qu'est-ce que l'Eglise du Christ ? Peut-elle être une organisation dénominationnelle ? – Les Assemblées chrétiennes doivent-elles dépendre d'une quelconque agence gouvernementale pour prouver qu'elles sont l'Eglise de Christ ?

Alors que les vrais chrétiens s'apprêtent à faire face à la pire persécution de l'histoire sainte, par le « 666 » qui conditionnera bientôt tout Homme, - Nos finances à l'exemple des dimes doivent-elles être engagées pour nous gagner le ciel ? - Le Christ est-il encore présent dans ces dénominations appelées Eglises ? - Qui devrait être à la tête de l'Eglise du Christ ? - Comment se construisent actuellement les communautés chrétiennes sous le seul Berger, Jésus-Christ ? – L'Eglise de Christ en a-t-elle de responsables visibles ? – Cette Eglise de Christ peut-elle entretenir la corruption ? Peut-elle tant soi peu compromettre notre salut par quelques doctrines non scripturaires ? Quelle Eglise en effet aujourd'hui, est parfaitement en conformité avec la sainte volonté de Christ révélée dans la Bible ?

Pour toutes ces interrogations et tant d'autres qu'on en oublie certainement, la collection *"Que celui qui lit, fasse attention"*, propose exclusivement des réponses bibliques simples et assez complètes suivant chaque thématique abordée. Les réponses à ces questions ci-dessus en énoncé disons-le, ne seront données qu'aux cœurs humbles, voilà pourquoi la présente série chrétiennes *"Que celui qui lise fasse attention "*, est une suite de messages vivants. Ils ont été conçus en tenant compte des besoins spirituels de notre génération, surtout des prophéties dont la Bible, par la révélation et l'enseignement doctrinaire de Christ, des apôtres et des prophètes d'autrefois, nous invite à scruter jour et nuit sans relâche dans une vie de prière, leur accomplissement, afin de nous donner la force de paraitre debout devant le Fils de Dieu, au dernier jour. Voici la promesse de Christ à son Eglise *« A celui qui vaincra, et qui gardera jusqu'à la fin mes œuvres, je donnerai autorité sur les nations. »* Apocalypse 2 : 26

NB: Sauf indication contraire, les références bibliques citées en études, sont tirées de la version des saintes écritures (Louis Second). Et pour chaque thème, vous pouvez consulter le sommaire en page **73** et **77**. Par l'indication ordinale (question-réponse), toute réaction particulière, pourrait susciter un accompagnement biblique personnalisé et/ou communautaire, tant soit peu, que vous vous manifestiez sur notre site internet, par appel téléphonique WhatsApp ou sur notre adresse électronique marquée au bas de chaque page.

L'Eglise vous présente ainsi une série de *« 27 études bibliques »*, complétant autant de messages vidéos, audio, en version électronique téléchargeable sur le site internet *wwwchrétiens-église.org*. Tout ceci pour un égal nombre de livrets, à offrir progressivement, selon que le Seigneur Yahwéh Dieu, y pourvoira avec miséricorde et grâce en Jésus-Christ !

L'ensemble de cette collection est gratuitement offert, afin de respecter l'esprit de Christ qui nous a recommandé d'en faire don, puisque nous l'avons reçu gratuitement :

ALORS IL N'APPARTIENT A PERSONNE DE VENDRE CETTE PAROLE DE DIEU !

Mais au préalable, nous vous invitons à recevoir la lettre de l'Auteur écrite pour vous les lecteurs. Cette lettre pourrait vous servir de feuille de route et de guide pédagogique. Cependant il n'est jamais chrétien de croire que notre Seigneur agira identiquement dans tous les cas, au cours de votre croissance spirituelle, ou du ministère pastoral d'évangélisation à travers vous. C'est pour cette raison qu'une fois de plus, nous vous invitons à demeurer attentif à sa voix spirituelle, au travers du canal infaillible que représente pour quiconque, la lecture assidue de sa parole, la Bible.

LETTRE D'ENCOURAGEMENT DE L'AUTEUR, POUR VOUS !

Frères et sœurs, que la paix de Dieu qui surpasse toute intelligence, garde vos pensées en Jésus-Christ ! ».

Soyez la bienvenue, en empruntant avec l'Eglise, la petite voie très resserrée qui mène dans l'éternité, et dont seul Le Fils de Dieu, en est Le Guide et Le Souverain Berger…

Avant toute chose, nous vous conseillerons durant votre étude biblique, d'être critiques du sens des doctrines que ces saintes lettres aborderont. En cela, vous serez entrain de suivre les recommandations des Apôtres selon Actes 17 : 11. « *Ces Juifs avaient des sentiments plus nobles que ceux de Thessalonique ; ils reçurent la parole avec beaucoup d'empressement, et ils examinaient chaque jour les Écritures, pour voir si ce qu'on leur disait était exact.* »

Durant votre croissance chrétienne, lisez régulièrement votre Bible. Ecoutez le Saint-Esprit. Partagez cette richesse avec d'autres. Soyez généreux, surtout envers votre entourage. Sachez encourager des initiatives d'étude communautaire. Eprouvez ceux qui par esprit de vaine critique, vous taxeront de sectaire. Luttez sans vous laissez distraire par les ennemis de vos âmes. Simplifiez-vous la vie chrétienne. Assistez les démunies de votre voisinage, à commencer par les membres de votre famille. Impliquez-vous dans des campagnes d'évangélisation publique. Exploitez tous les créneaux de communication, et rependez la bonne nouvelle comme des semeurs de Vie !

N'ignorez personne dans vos prières. Appelez la faveur de Yahwéh Dieu sur ceux qui vous écoutent, mais également sur ceux qui vous résisteront. « N'ayez aucun ennemi…, vivez en paix avec tous…, et soyez en parfait harmonie… », Avec l'ensemble de l'Eglise locale de Christ dans le pays, la ville ou le quartier de vote résidence.

Frères et sœurs, « fuyez le péché » et « soyez saint » car « notre Dieu est Saint. » Et par reconnaissance à Dieu de vous avoir sauvé et envoyé, « chantez-Lui sans cesse des cantiques spirituels sous l'inspiration de son Esprit. »

Comme vous avez « reçu gratuitement », veuillez à ne pas briser cette chaine de solidarité ! Avec de nouveaux disciples, commencez par présentez l'évangile, puis abordez des thèmes doctrinaux en fonction de votre auditoire et de leurs besoins spirituels. Vous pourrez choisir les thèmes qui vous conviennent à vous, en obéissant à la voix du Saint-Esprit. Et comme « l'eunuque Ethiopien » sachez que Christ les rejoindra sur la route quand vous vous mettrez en peine de le leur enseigner, surtout à la jeunesse. Donnez-vous à vos Frères chrétiens « comme une offrande à Dieu », car « la moisson est abondante mais les ouvriers sont peu nombreux. » Aussi, rappelez-vous de la promesse de Christ dans la parabole des « ouvriers de la dernière heure »

Ainsi « notre joie sera parfaite » de vous savoir en route pour la céleste patrie, étant enfants de Dieu et serviteurs du Christ, si vous avez appris qu'il n'y a « pas de plus grand amour, que de donner sa vie pour ceux qu'on aime ». De même « qu'il y a plus de joie à donner qu'à recevoir »

Enfin, soyez heureux, en attendant notre Sauveur Jésus, qui « n'oubliera pas votre participation à la propagation de l'évangile et du message de la vérité ». N'ayez de crainte, que de Dieu Lui Seul. Et puis, très vite faite nous part de votre témoignage : des dons que le Saint-Esprit vous aura gratifié, en vue de parfaire le corps du Christ. « Soyez bénie en tout point de vue ! »

*Alors, « **BIEN AIMES** », recevez ces études bibliques comme un présent du Seigneur Jésus, transmis par le ministère d'évangélisation depuis son Eglise du Cameroun, par votre dévoué serviteur et modeste frère d'Afrique, qui tient à vous rappeler que Yahwéh Dieu, par son Fils Jésus-Christ, vous aime d'un Amour Eternel. Croyez de même à notre dévouée affection fraternelle, par les arrhes du Saint Esprit. Amen !*

NB: *En fin d'étude biblique, aux (**Pages 80** et **81**) de ce titre, vous trouverez les différents thèmes proposés dans la collection d'étude Biblique " Que celui qui lit fasse attention". Nous rappelons aux lecteurs que cette série d'étude biblique chrétienne est disponible gratuitement pour votre édification au site www.chrétiens-église.org*

SAMUEL CAMEROUN, Apôtre du SEIGNEUR JESUS-CHRIST.

camerounsamuel@gmail.com Tel + **237 690600469** ou + **237 679647767**

Textes 1 à lire

Apocalypse 17 : 1 – 18

Puis un des sept anges qui tenaient les sept coupes vint, et il m'adressa la parole, en disant : Viens, je te montrerai le jugement de la grande prostituée qui est assise sur les grandes eaux. C'est avec elle que les rois de la terre se sont livrés à l'impudicité, et c'est du vin de son impudicité que les habitants de la terre se sont enivrés. Il me transporta en esprit dans un désert. Et je vis une femme assise sur une bête écarlate, pleine de noms de blasphème, ayant sept têtes et dix cornes. Cette femme était vêtue de pourpre et d'écarlate, et parée d'or, de pierres précieuses et de perles. Elle tenait dans sa main une coupe d'or, remplie d'abominations et des impuretés de sa prostitution. Sur son front était écrit un nom, un mystère : Babylone la grande, la mère des impudiques et des abominations de la terre. Et je vis cette femme ivre du sang des saints et du sang des témoins de Jésus. Et, en la voyant, je fus saisi d'un grand étonnement. Et l'ange me dit : Pourquoi t'étonnes-tu ? Je te dirai le mystère de la femme et de la bête qui la porte, qui a les sept têtes et les dix cornes. La bête que tu as vue était, et elle n'est plus. Elle doit monter de l'abîme, et aller à la perdition. Et les habitants de la terre, ceux dont le nom n'a pas été écrit dès la fondation du monde dans le livre de vie, s'étonneront en voyant la bête, parce qu'elle était, et qu'elle n'est plus, et qu'elle reparaîtra.

Textes 2 à lire

Apocalypse 17 : 1 – 18

C'est ici l'intelligence qui a de la sagesse. -Les sept têtes sont sept montagnes, sur lesquelles la femme est assise. Ce sont aussi sept rois : cinq sont tombés, un existe, l'autre n'est pas encore venu, et quand il sera venu, il doit rester peu de temps. Et la bête qui était, et qui n'est plus, est elle-même un huitième roi, et elle est du nombre des sept, et elle va à la perdition. Les dix cornes que tu as vues sont dix rois, qui n'ont pas encore reçu de royaume, mais qui reçoivent autorité comme rois pendant une heure avec la bête. Ils ont un même dessein, et ils donnent leur puissance et leur autorité à la bête. Ils combattront contre l'agneau, et l'agneau les vaincra, parce qu'il est le Seigneur des seigneurs et le Roi des rois, et les appelés, les élus et les fidèles qui sont avec lui les vaincront aussi. Et il me dit : Les eaux que tu as vues, sur lesquelles la prostituée est assise, ce sont des peuples, des foules, des nations, et des langues. Les dix cornes que tu as vues et la bête haïront la prostituée, la dépouilleront et la mettront à nu, mangeront ses chairs, et la consumeront par le feu. Car Dieu a mis dans leurs cœurs d'exécuter son dessein et d'exécuter un même dessein, et de donner leur royauté à la bête, jusqu'à ce que les paroles de Dieu soient accomplies. Et la femme que tu as vue, c'est la grande ville qui a la royauté sur les rois de la terre.

INTRODUCTION

Les Chefs de l'Eglise catholiques ont leur image faciale sur la monnaies appelée les ''Emékis'' pourtant la Bible dit : Luc 20 : 19 « *Les principaux sacrificateurs et les scribes cherchèrent à mettre la main sur lui à l'heure même, mais ils craignirent le peuple. Ils avaient compris que c'était pour eux que Jésus avait dit cette parabole. Ils se mirent à observer Jésus ; et ils envoyèrent des gens qui feignaient d'être justes, pour lui tendre des pièges et saisir de lui quelque parole, afin de le livrer au magistrat et à l'autorité du gouverneur. Ces gens lui posèrent cette question : Maître, nous savons que tu parles et enseignes droitement, et que tu ne regardes pas à l'apparence, mais que tu enseignes la voie de Dieu selon la vérité. Nous est-il permis, ou non, de payer le tribut à César ? Jésus, apercevant leur ruse, leur répondit : Montrez-moi un denier. De qui porte-t-il l'effigie et l'inscription ? De César, répondirent-ils. Alors il leur dit : Rendez donc à César ce qui est à César, et à Dieu ce qui est à Dieu. Ils ne purent rien reprendre dans ses paroles devant le peuple ; mais, étonnés de sa réponse, ils gardèrent le silence.* »

Au regard de l'attrait immense envers l'argent, que peut-on penser des chefs de l'Eglise catholique, de leur position si nous l'a comparons à celle de Jésus ? Mathieu 6 : 24 « *Nul ne peut servir deux maîtres. Car, ou il haïra l'un, et aimera l'autre ; ou il s'attachera à l'un, et méprisera l'autre. Vous ne pouvez servir Dieu et Mammon.* » *LE VATICAN A LA TETE DE LA FINANCE MONDIALE " LA BANQUE SUISSE "* Que va-t-il se passer ultérieurement dans le monde ?

LE VATICAN EN PERSPECTIVE DE GOUVERNER LE MONDE ENTIER !!!

" LE NOUVEL ORDRE MONDIAL "

1. Quels sont les acteurs majeurs de ce gouvernement mondial en préparation ?

LA FRANCE DE NICOLAS SARKOSY, ET LE NOUVEL ORDRE MONDIAL

Nicolas Sarkozy : *"Il est temps de construire le Nouvel Ordre Mondial..."*

Nicolas Sarkozy : *" La crise est mondiale, il faut que nous lui apportions une réponse mondiale. "*

Nicolas Sarkozy : *" J'en appelle à tous les gouvernements. Aucun d'entre nous ne s'en sortira, aucun. Je dis bien aucun, en faisant sa propre politique dans son coin isolé de ce que font les autres. Et je puis* *vous dire une chose, je puis vous dire une deuxième chose, je puis vous dire une troisième chose, on ira ensemble vers ce Nouvel Ordre Mondial. Et personne, je dis bien personne ne supprimera cela.* ”

PAR CONTRE, VOICI LE DEFIT DE DONALD TRUMP AU " NOUVEL ORDRE MONDIAL "

Le Président de la Commission Européenne (UE), l'allemand **DONALD TUSK.** Parlant du caractère incorrigible du Président américain alors nouvellement élu, déclara dans les médias : " ***Donald Trump s'amuse avec le Nouvel Ordre Mondial qu'il se permet de défier*** "

« LE NOUVEL ORDRE MONDIAL, LES USA ET LA SOUVERAINETE SUPRA NATIONALE D'UNE ELITE INTELLECTUELLE, ET DE BANQUIERS MONDIAUX »

Georges W. Bush en 1992 " *Si le peuple avait la moindre idée de ce que nous avons fait, il nous trainerait et nous licherait. Quelques INKOUAMES et la famille Rock Feler faisant partie d'une cabale secrète, travaillant contre les meilleurs intérêts des USA, car ma famille et moi-même, en tant qu'internationaliste et conspirant autour de la terre pour construire une politique globale, une structure économique plus intégrée, un seul monde si vous voulez. Si cela est l'accusation, je suis coupable et fier de l'être. Nous sommes reconnaissant au WASHINTONG POST, TIME MAGAZINE, TIME MAGAZINE, et d'autres grandes publications, dont les directeurs ont assisté à notre réunion et respecter leur promesse de discrétion presque quarante ans. Il aurait été impossible de développer nos plans pour le monde si nous avions été assujettit à l'exposition publique durant toutes ces années. Mais le monde est*

maintenant plus sophistiqué et préparé à entrer dans un gouvernement mondial. La souveraineté supra nationale d'une élite intellectuelle, et de banquiers mondiaux est assurément préférable à l'autodétermination pratiquée pendant des siècles. Nous sommes à la veille d'une transformation globale. Ce dont nous avons besoin est de la bonne crise majeure. Et les nations vont accepter le Nouvel Ordre Mondial. "

Note: Les riches se servent des USA entre autre, pour y établir leur contrôle des Hommes par l'entremise du "Nouvel Ordre Mondial". Le Chef du Vatican est du monde, puisqu'il parle de cette nébuleuse infernale. Confirmant ainsi sa dépendance vis-à-vis du pouvoir diabolique qui incarne les pensées du monde. Puisqu'il exhorte ceux qui le suivent dans cette marche de moutons de panurge, à préparer la fédération des états en adhérant aux idéaux conduits par les tenants et les aboutissants de la prochaine secte supranationale qui le verra lui le chef du Vatican, à sa tête pour y imposer le 666 à toutes les tributs, les langues, les nations de la terre.

2. Comment la prophétie biblique annonçait-elle déjà cette démarche du VATICAN en tête des gouvernements terrestres ? *Apocalypse 18 : 23*

« *La lumière de la lampe ne brillera plus chez toi, et la voix de l'époux et de l'épouse ne sera plus entendue chez toi, parce que tes marchands étaient les grands de la terre, parce que toutes les nations ont été séduites par tes enchantements* »

Note: Le nouvel Ordre Mondial se sont les riches qui annoncé cela. Ce n'est pas le peuple de Dieu. Elle n'est pas non plus issue d'une entreprise concertée par des nations civilisées dites démocratiques. Mais puisque ce sont des riches qui en ont parlés et qui ont le pouvoir en occident. Les chefs d'états qui sont soumis à cette oligarchie bancaire, font alors la promotion de cette élite pétrolière en parlant du Nouvel Ordre Mondial.

Note: Le VATICAN ainsi que toutes les Eglises qui se disent Protestantes, démontrent clairement qu'elles ne font pas partie de l'Eglise du Christ selon le modèle de Dieu. Il suffit de regarder et de réfléchir à une option très pratique.

3. Christ s'impliquait-il dans des décisions relevant du monde politico-financier d'Israël ou celle des romains ?

Lisons contradictoirement ce que dit le Chef de l'Eglise catholique, Benoit XVI
« Homme moderne, adulte parfois faible dans sa volonté. Laisse-toi prendre par la main par l'enfant de Bethléem. Ne crains pas, aie confiance en Lui. La force vivifiante de sa lumière, t'encourage à t'engager dans l'édification d'un Nouvel Ordre Mondial, fondé sur de justes relations étiques et économiques »

Note: Le Seigneur a dit : *Mathieu 6 : 24 « Nul ne peut servir deux maîtres. Car, ou il haïra l'un, et aimera l'autre ; ou il s'attachera à l'un, et méprisera l'autre. Vous ne pouvez servir Dieu et le dieu Argent Mammon. »* Ce David Rock Feler par exemple, aime-t-il Dieu, ou plutôt l'argent ? Nous disions dans une autre étude biblique, combien cet oligarque fut le premier à découvrir la réserve de gisement pétrolière la plus importante du monde. Elle se situe à l'emplacement présumé du paradis, le Jardin d'Eden. Aujourd'hui, ce territoire couvre l'actuel proche et moyen orient. Le magnat du pétrole, bien qu'ayant été inspiré par la Bible à la découverte de l'or noir, nous laisse confirmer une fois de plus, le dévouement de l'argent par notre Seigneur. La Bible nous lance un avertissement, celui de nous méfier de son amour. *1 Timothée 6 : 7 – 12 « car nous n'avons rien apporté dans le monde, et il est évident que nous n'en pouvons rien emporter ; si donc nous avons la nourriture et le vêtement, cela nous suffira. Mais ceux qui veulent s'enrichir tombent dans la tentation, dans le piège, et dans beaucoup de désirs insensés et pernicieux qui plongent les hommes dans la ruine et la perdition. Car l'amour de l'argent est une racine de tous les maux ; et quelques-uns, en étant possédés, se sont égarés loin de la foi, et se sont jetés eux-mêmes dans bien des tourments. Pour toi, homme de Dieu, fuis ces choses, et recherche la justice, la piété, la foi, la charité, la patience, la douceur. Combats le bon combat de la foi, saisis la vie éternelle, à laquelle tu as été appelé, et pour laquelle tu as fait une belle confession en présence d'un grand nombre de témoins. »* En dépit des sources bibliques à l'origine de son immense richesse, Rock Feler n'a jamais véritablement servi le Seigneur avec les milliards qu'il possédait. Au contraire, il a pollué la terre de Dieu en la détruisant. Et pourtant nous connaissons l'avertissement de la Bible à l'encontre de tous ceux qui détruisent notre planète : « *Nous te rendons grâces, Seigneur Dieu tout puissant, qui es, et qui étais, de ce que car tu as saisi ta grande puissance et pris possession de ton règne. Les nations se sont irritées ; et ta colère est venue, et le temps est venu de juger les morts, de récompenser tes serviteurs les prophètes, les saints et ceux qui craignent ton nom, les petits et les grands, et de détruire ceux qui détruisent la terre.* » *Apocalypse 11 : 17 - 18.* Ce n'est donc pas un prophète qui a annoncé le Nouvel Ordre Mondial de la part de Dieu. Ce sont des chefs d'Etat de la part du Chef des satanistes c'est-à-dire l'Homme impie, l'adversaire de Dieu, le ''666''. Ces riches et tous les chefs d'états qui font des déclarations sur le Nouvel Ordre Mondial, accompagnent le chef de l'Eglise catholique, qui est lui-même soumis au Diable. Ceci démontre d'avantage les œuvres ténébreuses du Vatican par son Chef aux côtés du Diable. « *Si la tête est malade, tout le corps est malade* » dit la Bible. Ces groupes qui parlent du Nouvel Ordre Mondial sont tous des conducteurs aveugles qui conduisent des aveugles. Le monde catholiques et tout l'ensemble de la chrétienté qui s'est tiédie suite à la fausse doctrine, et qui ne veulent même plus se poser de questions, ne veulent tout simplement plus écouter Dieu en lisant leur Bible. Ils n'interrogent pas Dieu à travers sa parole révélée, les saintes écritures, devenant ainsi pires que des païens. Le Chef du Vatican a cherché à manipuler les catholiques avec l'annonce du Nouvel Ordre Mondial. Le Seigneur Jésus démontre clairement par la série d'enseignements chrétiens que nous vous transmettons, que le "666" apparaitra bientôt au monde en tant que prochain leader mondiale, apportant l'irréfutabilité des saintes prophéties, comme avertissement aux croyants. Nous vous recommandons de prendre connaissance du sujet par le thème biblique consacrée à ce sujet : **La destruction du Vatican et la montée de son leader en place, en tant que Gouvernant Mondial.**

Cet évènement annoncé dans la Bible est en passe de s'accomplir au cours de la demi-heure prophétique restante. Le temps qui lui était imparti par Dieu, « *une heure* », a débuté le 13 mars 2013, et en est exactement à mi-parcours de son accomplissement, en ce moment où l'esprit de Dieu nous inspire l'écriture de ces messages d'exhortation prophétiques. Sachant « qu'*Une heure* » prophétique, correspond à une durée de quinze années littérales, une demi-heure donc est une durée de sept années et demie littérales. Conclusion, la prophétie de sa destruction s'accomplira le **15 décembre 2027 !** Souvenons-nous que : « *l'écriture ne peut être anéantie* », ainsi que la proclamé Jésus-Christ.

LE SYMBOLE D'UNE APOSTASIE SPIRITUELLE

4. **Quel est le second point du message des anges d'avant le retour du_ Christ ?** *Apocalypse 14 : 8*

« Elle est tombée .... »

5. **Quel ordre Dieu donne-t-il concernant Babylone** *Apocalypse 18 : 4*

« …….. du milieu d'elle………………………….. peuple »

Note: L'ordre est pour le peuple de Dieu. Plusieurs sont encore dans Babylone. Avec amour, Dieu les appelle à en sortir avant que les palies en l'atteignent.

6. **Pour quelles raisons Dieu veut-il que son peuple sorte de Babylone ?**

   a. Une habitation de ……………………………..

   b. Un repaire de tout ……………………………….

   c. Les nations boivent de son ………………………..

   d. Elle s'est livrée à l' ………..avec les rois de la terre.

e. Ne pas participer à ses ....

f. Ne pas avoir part à ses ....

g. Ses péchés se sont accumulés jusqu'au................................

h. Dieu s'est souvenu de ses ....

Note: Il est évident que la justice divine est arrêtée sur le jugement de Babylone sur la question de ses agissements satanistes et pervers, alors à ce sujet il s'occupera d'Elle. Quoiqu'elle puisse être, le peuple de Dieu a intérêt à sortir du milieu d'elle.

7. Certains affirment qu'il s'agit de la ville réelle, restaurée. Qu'en dit la Bible ?

Esaie 13 : 19 – 21

« Babylone ....ne sera plus.............................. »

Note: La restauration de l'antique Babylone est impossible. Dieu qu'elle ne le serait pas.

8. Par quel symbole Dieu décrit-il Babylone ?

Apocalypse 17 : 15

« Une ....assise sur une...................... »

Note: Une courtisane chevauchant une bête. Comme nous l'avons vu, une femme pure représente une Eglise fidèle (Voir leçon 16) Une femme corrompue représente une Eglise apostâte (*Jérémie 3 : 1- 18, 20 Ezéchiel 16 : 26 – 27 ; Esaie 50 : 1 ; Jérémie 13 : 27 ; Osée 2 : 2- 5 Ezéchiel 23 : 1- 21 ; Apocalypse 14 : 4*).

9. Comment l'Apocalypse appelle-t-elle Babylone la grande ?

Apocalypse 17 : 5 « Sur son front était écrit un nom, un mystère : Babylone la grande, la mère des impudiques et des abominations de la terre. »

Note: Le danger est grand quand une personne lit dans les écritures certains enseignements sur ce sujet et d'autres aussi importantes et qu'elle reçoit de son Eglise des doctrines différentes. Certains en conclus qu'ils ne peuvent pas comprendre la Bible. La vérité est qu'ils comprennent bien, mais ont été enseignés faussement.

L'ABOMINATION DE LA DESOLATION (papauté)- PASSE, PRESENT, FUTUR

10. Comment Dieu décrit-il la Bête d'Apocalypse 17 ?

« *La bête ...., elle n'............. plus, elle ....* »

Note: Les chapitres **13** et **17** décrivent *"l'Abomination de la Désolation"*= Chef de l'Eglise Catholique de Rome. Le chapitre 13 ne fait aucune distinction entre les aspects religieux et politiques de ce pouvoir. Le chapitre 17 fait la distinction. La femme prostituée est l'Eglise apostâte Elle chevauche une bête (un état ou gouvernement). Ceci indique qu'elle est soutenue par l'Etat et le contrôle. Il est évident que Jean indique, ici, une collusion entre les pouvoirs civils et religieux.

EN VOICI L'EXPLICATION

La mystérieuse phrase « *La Bête que tu as vue était, et elle n'est plus. Elle doit monter de l'abime et aller à la perdition* », fait référence à des époques différentes de *"l'Abomination de la Désolation"= Chef de l'Eglise Catholique de Rome.* Cette indication chronologique arrivant juste après qu'il ait été fait mention des persécutions de *"l'Abomination de la Désolation"= Chef de l'Eglise Catholique de Rome,* nous suggère ceci.

ETAIT- La période de 1260 années de persécutions de *"l'Abomination de la Désolation"= Chef de l'Eglise Catholique de Rome.*

N'EST PLUS- La période de la « blessure mortelle » et la convalescence *(Apocalypse 13 : 3)*

ELLE MONTE – Les derniers temps, après la guérison miraculeuse de la blessure mortelle, quand la Bête reçoit, pour une heure, l'autorité avec la Bête *(Apocalypse 13 : 3 ; 17 : 12- 13)*

11. Quels pouvoirs sont représentés par les sept montagnes ?

Apocalypse 17 : 9 – 11

« Les sept ………………….. sont sept ………………… Sur lesquelles la ………………………………..est assise »

Note: Une montagne, dans la prophétie représente souvent un royaume ou un roi. (*Jérémie 51 : 24 - 25*). Le système d'adoration contrefait mis en place par Satan existe depuis le temps de Babylone et a été soutenu par tous les gouvernements du monde. Puisque le tableau chronologique d'*Apocalypse 17* survient ap*rès les 1260 années de la persécution de* "l'Abomination de la Désolation"= Chef de l'Eglise Catholique de Rome.

L'ACTUEL CHEF DE L'EGLISE CATHOLIQUE : LE DERNIER ! EN PLACE JUSQU'A LA FIN DU MONDE.

ANALYSONS les dates qui retracent toute la montée du VATICAN dans l'histoire de la chrétienté après sa chute depuis 1798 jusqu'à 1929 et suivant!

Apocalypse 17 :10

« Cinq sont tombés »

1. De 1922 à 1929, jusqu'à 1939 **Pie XI Pierre XI** (64 ans à son investiture.)
   Signent les accords de LATRAN à ROME par MUSSOLINI
2. 1939 **Pierre XII** (63 ans à son investiture.)
3. 1958 **Jean XXIII** (76 ans à son investiture.)
4. 1963 **Paul VI** (65 ans à son investiture.)
5. 1978 **Jean Paul Ier** (68 ans à son investiture.)

12. Combien existe ?

Apocalypse 13 : 3 « ....existe »

13. Qui est-il celui-là qui *« est »* ?

Note: Le Chef de l'Eglise Catholique qui succéda aux cinq qui étaient tombés est bel et bien le suivant dont l'histoire rapporte qu'il fut l'**un** des plus populaires de tout le Catholicisme : **JEAN PAUL II.**

Apocalypse 13 : 3

1978 **JEAN PAUL II** « Un ……………… »

Note: De **1978 à 2005** JEAN PAUL II fut l'un des plus longs règnes à la tête du catholicisme et l'un des plus populaires également. Au total il passa 27 ans. C'est pour quoi la Bible parle de lui dans un présent continue « ***Un existe*** ! »

14. Mais que devait-il se passer ensuite dans la chronologie des successions a la tête de la bête ?

« Un existe, l'………………… n'est pas encore………………., et quand il sera venu, il doit rester ….. »

2005 **Benoit XVI** (78 ans à son investiture.)

15. Que déclare la Bible sur ce personnage ?

« Qu'il doit rester peu de temps. » Apocalypse 13 :

16. Est-il vérifié ainsi ?

Note: Oui en effet **BENOIT XVI** a effectivement quitté le trône du VATICAN suite à une démission subite qui surpris toute les Eglises du monde jusqu'aux chancelleries qui s'intéressèrent à cet évènement au plus haut degré de la diplomatie internationale. Sa courte durée à la tête de l'Eglise Catholique marque un point déterminant de la prophétie, et de la fin du monde qui sonne aujourd'hui comme un glas. **C'EST LA FIN DU MONDE !** Réalisez-vous que vous êtes certainement la dernière famille terrestre à vivre sur la terre ?

Continuons à scruter les saintes écritures dans une perspective de préparation à recevoir JESUS BIENTOT !

17. Enfin qu'annonce-t-elle pour la fin ?

« Et la Bête qui était, et qui n'est plus, est elle-même Un ....Roi, et elle est du nombre des sept, et elle va à la .... ».

18. Quel est le terme employé pour mettre fin a son règne ?

Apocalypse 13 : 3

« Et elle va à la ……………… ».

19. Comparer les termes employés ici pour identifier cette bête ?

II Théssaloniciens 2 : 1 - 3

« Que personne ne vous séduise d'aucune manière ; car il faut que l'apostasie soit arrivé auparavant, et qu'on ai vu paraitre l'Homme du péché, le Fils de la ……………………….. »

20. Qu'est-il en réalité ?

Note: *« Que personne ne vous séduise d'aucune manière ; car il faut l'apostasie soit arrivée au auparavant, et qu'on ait vu paraitre l'homme du péché, « le fils de la perdition », l'adversaire qui se lève au-dessus de tout ce qu'on appelle Dieu ou de se ce qu'on adore, jusqu'à s'assoir dans le temple de Dieu, se proclamant lui-même Dieu…… Car le mystère de l'iniquité agit déjà, il faut seulement que celui qui le retient encore ait disparut. Alors paraitra l'Impie, que le Seigneur détruira par le souffle de sa bouche, et qu'il anéantira par l'éclat de son avènement. L'apparition de cet Impie se fera, par la puissance de Satan, avec toute sorte de miracles, de signes et de prodiges mensongers, et avec toutes les séductions de l'iniquité pour ceux qui périssent par ce* *qu'ils n'ont reçu l'amour de la vérité pour être sauvés. Aussi Dieu leur envoi une puissance d'égarement, pour qu'ils croient au mensonge, afin que tous ceux qui n'ont cru à la vérité, mais qui ont pris plaisir à l'injustice, soient condamnés. Pour nous, frères bien aimé du Seigneur nous devons à votre sujet rendre continuellement grâce à Dieu, parce que Dieu vous a choisi dès le commencement pour le salut, par la sanctification de l'Esprit et par la foi en la vérité.*

21. COMMENT SA FIN ARRIVERA-T-ELLE ?

« Les dix cornes que tu as vues sont dix rois, qui n'ont pas encore reçu de royaumes, mais qui recevront autorité comme roi pendant une heure avec la Bête. Ils ont un même dessein, et ils donnent leurs puissances et leurs autorités à la Bête. Ils combattront contre l'Agneau et l'Agneau les vaincra parce qu'il est le Seigneur des seigneurs et le Roi des rois, et les appelés, les élus et les fidèles les vaincront aussi. Et il me dit : les eaux que tu as vu sur lesquelles est assise la prostituée se sont des peuples, des foules, des nations et des langues. » Les dix cornes que tu as vues et la Bête haïront la Prostituée, la dépouilleront et la mettront à nue, mangeront ses chairs, et la consumeront par le feu. Car Dieu a mis dans

leur cœur d'exécuter son dessein, et d'exécuter un même dessein, et de donner leur royauté à la Bête, jusqu'à ce que les paroles de Dieu soient accomplies. Et la femme que tu as vue, c'est la grande ville qui a la royauté sur les Rois de la terre. »

Daniel 9 :26 « *Après les soixante-deux semaines, un Oint sera retranché, et il n'aura pas de successeur. Le peuple d'un chef qui viendra détruira la ville et le sanctuaire, et sa fin arrivera comme par une inondation ; il est arrêté qu les dévastations dureront jusqu'au terme de la guerre.* »

Daniel 2 :33 « *Ses jambes, de fer ; ses pieds, en partie de fer et en partie d'argile. Tu regardais, lorsqu'une pierre se détacha sans le secours d'aucune main, frappa les pieds de fer et d'argile de la statue, et les mit en pièces. Alors le fer, l'argile, l'airain, l'argent et l'or, furent brisés ensemble, et devinrent comme la balle qui s'échappe d'une aire en été ; le vent les emporta, et nulle trace n'en fut retrouvée. Mais la pierre qui avait frappé la statue devint une grande montagne, et remplit toute la terre.* »

RECAPITULONS SUR CES EVENEMENTS DANS UN GRAPHIQUE !

DATES IMPORTANTES LORS DE LA GUERISON DE LA BLESSURE DE LA BETE ET DE SON RETABLISSEMENT : Apocalypse 13

« LES CINQ ROIS QUI SONT TOMBES » Apocalypse 17 : 10

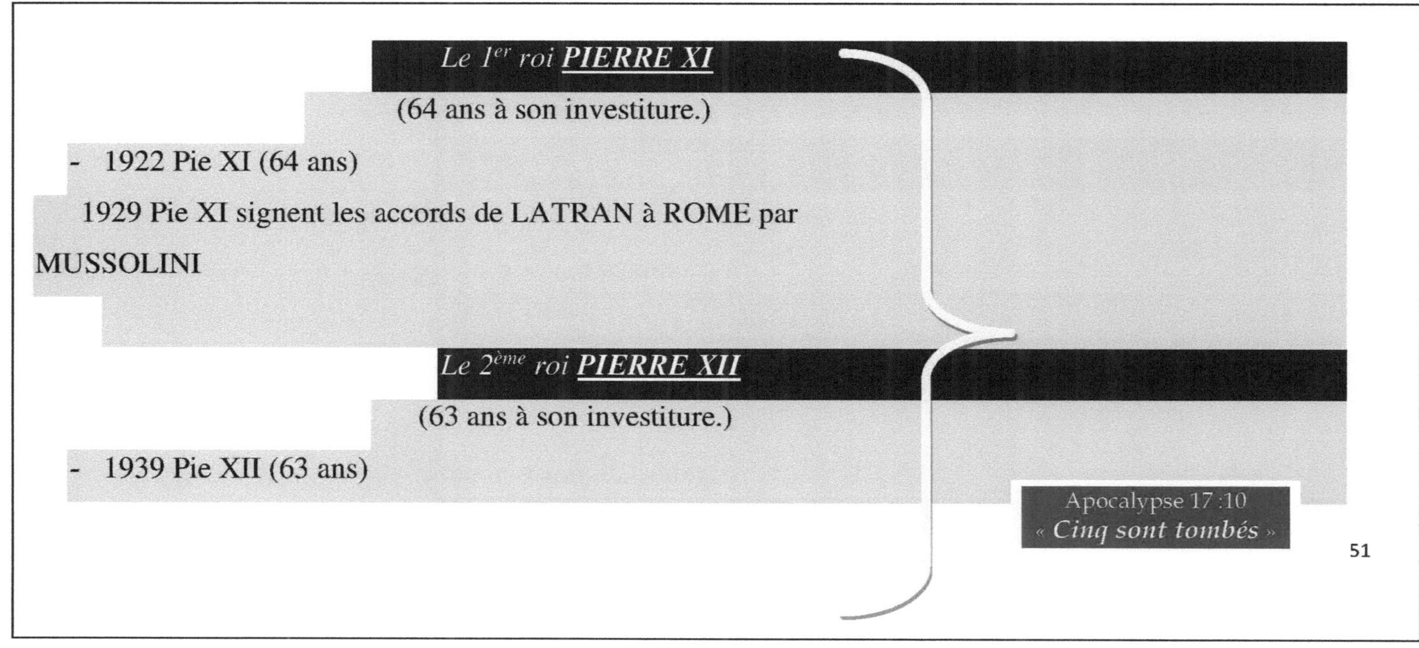

Le 3ème roi ***<u>JEAN XXIII</u>***

(76 ans à son investiture.)

- 1958

Le 4ème roi ***<u>PAUL VI</u>***

(65 ans à son investiture.)

- 1963

Le 5ème roi ***<u>JEAN PAUL Ier</u>***

(68 ans à son investiture.)

- 1978

<u>(LE ROI QUI DOIT RESTER LONGTEMPS, car « Un existe » = 27 ans)</u>

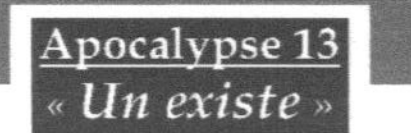

Le 6ème roi (JEAN PAUL II

(58 ans à son investiture.)

- 1978

Le 7 ème roi **Benoit XVI**

(78 ans à son investiture.)

Apocalypse 17 : 10-11

« *L'autre n'est pas encore venu et quand il sera venu doit rester peur de temps* »

2

« (LE ROI QUI...) VA A (SA) PERDITION, ET DONC LE DERNIER ROI. »

Apocalypse17 :11

« *Et la Bête qui était, et qui n'est plus, est elle-même un huitième roi, et elle est du nombre des sept, et elle va à la perdition.* »

LE 8ème roi FRANÇOIS Ier

(76 ans à son investiture. Né le17 décembre 19[illegible]7)

Investit en 2013 et le treize mars.

22. Que représentent les dix cornes ?

Apocalypse 17 : 12

« Les dix …………………………….. sont dix …………………….. »

Note: Ces dix rois représentent les nations de l'Europe moderne.

23. Et comment sera détruit cet homme impie, fils de la perdition, celui qui se fera Dieu et adorer dans le temple de Dieu ? *2 Théssaloniciens 2 : 8 « Et alors paraîtra l'impie, que le Seigneur Jésus détruira par le souffle de sa bouche, et qu'il anéantira par l'éclat de son avènement. »*

PROPHETIES DECRIVANT LA DESTRUCTION DU VATICAN, MAIS EN EPARGNANT POUR UN TEMPS SON ACTUEL CHEF : FRANÇOIS 1ER

24. A quel moment exactement doit croître la force de l'adversaire de Dieu, l'homme impie, le Fils de la perdition ?

Daniel 8 : 23-24 « *A la fin de leur domination, lorsque les pécheurs seront consumés, il s'élèvera un roi impudent et artificieux. Sa puissance s'accroîtra, mais non par sa propre force ; il fera d'incroyables ravages, il réussira dans ses entreprises, il détruira les puissants et le peuple des saints.* »

25. Comment et par qui sera détruit cette puissance religieuse ? Apocalypse 17 : 16

« *Les dix cornes que tu as vues et la bête haïront la prostituée, la dépouilleront et la mettront à nu, mangeront ses chairs, et la consumeront par le feu.* »

Daniel 8 : 23 « *A la fin de leur domination, lorsque les pécheurs seront consumés* »

Note: La destruction des pêcheurs ici, fait référence au moment où le trône de la Bête, le Vatican sera consumé par le feu, d'après les prophéties d'*Apocalypse 17 et 18*.

Selon ces deux chapitres, cette destruction se produira le 15 décembre 2027. (*Voir étude Biblique N° 22 de cette série*) Et puisque la Bible n'annonce rien sur une probable succession de l'actuel chef de l'Eglise Catholique qui en est « *La bête qui était, et qui n'est plus, est elle-même un huitième roi, et elle est du nombre des sept, et elle va à la perdition* » *Apocalypse 17 : 11*. De François 1er, justement en place au poste de chef de l'Eglise Catholique, nous convenons avec les saintes écritures que cet être Abominable qui se fait appelé Pape ou Souverain Pontife par les non chrétiens, et qui se déclare être sans péchés, se permettant de pardonner les péchés de l'humanité, est ce huitième Roi et Chef, dont lors de la restauration des relations entre le Vatican et l'Italie depuis l'ère de Mussolini qui a signé les accords de Latran le 11 février 1929 à Rome ! La Bible affirme que ce huitième Roi, sera toujours en place au retour de Jésus. Certainement pour recevoir sa sentence par le Fils de Dieu, Lui-même lors de son avènement à la fin du monde (*2 Théssaloniciens 2 : 8*). C'est pourquoi nous pouvons également affirmer en annonçant aux chrétiens et à l'Eglise entière que, de l'actuel chef de l'Eglise Catholique, François 1er;

huitième de sa succession, nul d'entre nous ne le verra mort ! Mais que tous, nous contemplerons sa destruction lors du retour de notre Seigneur Jésus qui se fera « *par le souffle de sa bouche lors de son avènement au dernier jour* » *(2Théssaloniciens 2 : 8)*. Rappelons-nous de *Daniel 8 : 25* « *Et il s'élèvera contre le chef des chefs ; mais il sera brisé, sans l'effort d'aucune main* ». Sans l'effort d'aucune main rappelant que c'est seul Christ Lui-même qui le détruira lors de son retour. Du coup nous pouvons lui apporter cet avertissement qu'il peut s'épargner sa Papamobile, car rien ne lui est prévu en dehors de sa destruction par le Fils de Dieu dont il s'est permis de blasphémer et de moquer le Père.

« ***Brisé*** », « *ce Chef impudent et artificieux* » le sera (...)

26. Mais comprenons-nous dans le même temps, l'urgence d'être en communion parfaite avec Dieu par Jésus-Christ, en cette fin de l'histoire ?

« *Car le Fils de Dieu revient bientôt !!!* »

27. Que dit la Bible de la destruction du roi artificieux du livre de Daniel ? Daniel 8 : 25

« Et il s'élèvera contre le chef des chefs ; mais il sera brisé, sans l'effort d'aucune main. »

28. Et d'ailleurs comment devraient être détruit les royaumes de la terre d'après le songe de Daniel au Roi Nebucadnetsar ? Daniel 2 : 44-45

« Dans le temps de ces rois, le Dieu des cieux suscitera un royaume qui ne sera jamais détruit, et qui ne passera point sous la domination d'un autre peuple ; il brisera et anéantira tous ces royaumes-là, et lui-même subsistera éternellement. C'est ce qu'indique la pierre que tu as vue se détacher de la montagne sans le secours d'aucune main, et qui a brisé le fer, l'airain, l'argile, l'argent et l'or. »

Note: *« Sans le secours d'aucune main »*, indiquant que la destruction de ces royaumes se fera sans l'effort d'une assistance humaine, ni celui d'un royaume quelconque. Tout comme la destruction de l'homme impie du livre de 2 Théssaloniciens 2 : 7 qui sera détruit par le souffle de la bouche de Jésus. Rappelant de graves similitudes de l'un à l'autre dans la façon dont Dieu mettra un terme à ces royaumes blasphémateurs de manière soudaine, et par la puissance divine déployée en Jésus-Christ!

Note: Remarquons la corrélation entre ces Rois de *Daniel*, d'*Apocalypse,* **et de** *II Théssaloniciens II*.

a) *Daniel 8 : 25 « A cause de sa prospérité et du succès de ses ruses, il aura de* 1ère *l'arrogance dans le cœur,* 2ème *il fera périr beaucoup d'hommes qui vivaient paisiblement,* 3ème *et il s'élèvera contre le chef des chefs ;* 4ème *mais il sera brisé, sans l'effort d'aucune main. »*

b) *Apocalypse 13 : 5- 6, 15 « Et il lui fut donné* 1ère *une bouche qui proférait des paroles arrogantes et des blasphèmes ; et il lui fut donné le pouvoir d'agir pendant quarante-deux mois. Et elle ouvrit sa bouche pour proférer des blasphèmes* 3ème *contre Dieu, pour* 1ère *blasphémer son nom, et son tabernacle, et ceux qui habitent dans le ciel (...)* 2ème *et qu'elle fît que tous ceux qui n'adoreraient pas l'image de la bête fussent tués. »*

c) *2 Théssaloniciens 2 : 8 « Et alors paraîtra l'impie, que le Seigneur Jésus détruira* 4ème *par le souffle de sa bouche, et qu'il anéantira par l'éclat de son avènement. »*

29. Comment est caractérisé ce roi-là ? *Daniel 8 : 23*

« *Il s'élèvera un roi impudent et artificieux.* »

CONCLUSION

Tout ce qui concerne de manière évidente le retour du Christ est savamment orchestré autour de la festivité de Noël par exemple qui est un canular visant à la dérision de Dieu et de son Fils. En ce qui concerne Noël nous savons au demeurant qu'elle n'appartient à aucune doctrine émanant des apôtres de Jésus ! Mais ayant échoué l'assassinat du Roi de l'univers Jésus, qu'était-il ce prédécesseur à Tibère César, et que fit-il ? Mathieu 2 : 16 « *Alors Hérode, voyant qu'il avait été joué par les mages, se mit dans une grande colère, et il envoya tuer tous les enfants de deux ans et au-dessous qui étaient à Bethlehem et dans tout son territoire, selon la date dont il s'était soigneusement enquis auprès des mages.* » Alors comment les deux géants de la foi ont-ils rebondit sur la scène de l'évangile contre des pouvoirs d'autodestruction sataniques ayant infiltré le corps du Christ au moment où le calendrier de Dieu arriva ? Luc 3 : 1 - 3 « *La quinzième année du règne de Tibère César, -lorsque Ponce Pilate était gouverneur de la Judée,*

Hérode tétrarque de la Galilée, son frère Philippe tétrarque de l'Iturée et du territoire de la Trachonite, Lysanias tétrarque de l'Abilène, et du temps des souverains sacrificateurs Anne et Caïphe, -la parole de Dieu fut adressée à Jean, fils de Zacharie, dans le désert. Et il alla dans tout le pays des environs de Jourdain, prêchant le baptême de repentance, pour la rémission des péchés »

Voyez-vous, les acteurs mêmes du sacrifice de Jésus étaient déjà réunis dans ce passage de la Bible : les Souverains Sacrificateurs Anne et Caïphe. Cités présentement selon l'originalité de rapportage de l'évangéliste Luc, que nous aimons bien à nommer évangéliste du temps, participaient déjà en tant que dirigeants du peuple dès la quinzième année où Jean entra en action en Israël. Qui était ce Tibère César ? Luc 3 : 1 « *La quinzième année du règne de Tibère César* » Tibère César fut le successeur de cet autre empereur qui voulut tuer Jésus lorsqu'il venait de naître, et dont Joseph et Marie vont recevoir de l'ange Gabriel l'ordre formel de fuir nuitamment dans un autre désert, celui d'Egypte.

Ainsi à quel âge Jésus fut-il emmené en Egypte ? Mathieu 2 : 11 « *Ils entrèrent dans la maison, virent le petit enfant avec Marie, sa mère, se prosternèrent et l'adorèrent ; ils ouvrirent ensuite leurs trésors, et lui offrirent en présent de l'or, de l'encens et de la myrrhe.* » Les saintes écritures ne le disent pas formellement, mais nous y lisons : Mathieu 2 : 19- 23 « *Quand Hérode fut mort, voici, un ange du Seigneur apparut en songe à Joseph, en Égypte, et dit : Lève-toi, prends le petit enfant et sa mère, et va dans le pays d'Israël, car ceux qui en voulaient à la vie du petit enfant sont morts. Joseph se leva, prit le petit enfant et sa mère, et alla dans le pays d'Israël. Mais, ayant appris qu'Archélaüs régnait sur la Judée à la place d'Hérode, son père, il craignit de s'y rendre ; et, divinement averti en songe, il se retira dans le territoire de la Galilée, et vint demeurer dans une ville appelée Nazareth, afin que s'accomplît ce qui avait été annoncé par les prophètes : Il sera appelé Nazaréen.* » Jésus étant né dans une mangeoire d'animaux, car les bergers sont venus lui rendre des hommages Luc 2 : 12 « *Et voici à quel signe vous le reconnaîtrez : vous trouverez un enfant emmailloté et couché dans une crèche* ». Jésus et ses parents sont restés dans cet endroit, après l'affluence des familles venues également se faire recensées, ils ont eu plus tard le temps d'aménager ailleurs au moment opportun. Et échapper ainsi à la contrainte de l'étable en trouvant confort dans une maison, pour y vivre certainement jusqu' à la circoncision qui se pratiquait huit jour après la naissance selon la loi de Moïse. Mais après cet intermède d'accalmie, le décret d'Hérode sera promulgué, témoignant de la nature des relations qui allaient animées les deux régents à la base. Mathieu 2 : 16 « *Alors Hérode, voyant qu'il avait été joué par les mages, se mit dans une grande colère, et il envoya tuer tous les enfants de deux ans et au-dessous qui étaient à Bethléhem et dans tout son territoire, selon la date dont il s'était soigneusement enquis auprès des mages.* » Ces indices démontrent tout au moins que Jésus était âgé de plus de huit jours quand il fut contraint de fuir en Egypte. On ne pourrait pas croire qu'il soit écoulé plusieurs mois entre l'arrivée des Mages et le décret d'Hérode. Conclusion Jésus s'est rendu avec ses parents en Egypte âgé d'un an tout au plus !

Combien de temps la famille de Nazareth a-t-elle passé en Egypte ? Apocalypse 12 : « *Et la femme s'enfuit dans le désert, où elle avait un lieu préparé par Dieu, afin qu'elle y fût nourrie pendant mille deux cent soixante jours.* » Bien que nous enseignons dans un autre sujet qui concerne la persécution de l'Eglise, que la durée des exactions de Babylone, devrait durer exactement 1260 jours prophétiques, soit 1260 années littérales. Alors nous pouvons également concevoir que la même durée de temps de la famille de Nazareth pouvait être exprimée dans cette même durée, mais cette fois-ci de manière littérale. En sorte que 1260 jours correspondent à 3 ans et ½ littérales. Car rappelons-le, le calendrier Juif est de 30 Jours le mois : Soit 360 jours l'année. De manière à calculer ainsi cette durée 1260 : 360 = 3,5. Contrairement au calendrier Gréco-romain qui varie entre 365 ou 366 jours. Cette disposition de 5 ou 6 jours majorant l'année, entra certainement en vigueur chez les Romains après la prophétie de Daniel 7 : 25 « *Il prononcera des paroles contre le Très Haut, il opprimera les saints du Très Haut, et il espérera changer les temps et la loi* »

Donc pour traiter des questions relatives au temps, il nous faut surtout nous familiariser avec le calendrier Juif dans toutes les durées de temps exprimé dans la Bible. Surtout en ce qui concerne la prophétie de Dieu. Alors attention à toutes les festivités même les plus innocentes à l'apparence ; telles les fêtes de fin d'années que nous savons devoir subir aussi une hérésie du Diable sous la coupole de son serviteur le "666" annoncé par Daniel 7 : 24 - 27 « *Les dix cornes, ce sont dix rois qui s'élèveront de ce royaume. Un autre s'élèvera après eux, il sera différent des premiers, et il abaissera trois rois. Il prononcera des paroles contre le Très Haut, il opprimera les saints du Très Haut, et il espérera changer les temps et la loi ; et les saints seront livrés entre ses mains pendant un temps, des temps, et la moitié d'un temps. Puis viendra le jugement, et on lui ôtera sa domination, qui sera détruite et anéantie pour jamais.* ». « *Et il espérera changer les temps et la loi* » justement le temps même subit des attaques de la part de ces Rois dans l'optique de fausser les données sur la compréhension de l'accomplissement des faits prophétiques déterminés d'avance par Dieu dans la Bible.

SOMMAIRE

2. Comment la prophétie biblique annonçait-elle déjà cette démarche du VATICAN en tête des gouvernements terrestres ? *Apocalypse 18 : 23*
3. Christ s'impliquait-il dans des décisions relevant du monde politico-financier d'Israël ou celle des romains ?
   Lisons contradictoirement ce que dit le Chef de l'Eglise catholique, Benoit XVI
   La destruction du Vatican et la montée de son leader en place, en tant que Gouvernant Mondial.
   LE SYMBOLE D'UNE APOSTASIE SPIRITUELLE
4. Quel est le second point du triple message ? *Apocalypse 14 : 8*
5. Quel ordre Dieu donne-t-il concernant Babylone *Apocalypse 18 : 4*
6. Pour quelles raisons Dieu veut-il que son peuple sorte de Babylone ?
7. Certains affirment qu'il s'agit de la ville réelle, restaurée. Qu'en dit la Bible ? Esaie 13 : 19 – 21
8. Par quel symbole Dieu décrit-il Babylone ? Apocalypse 17 : 15
9. Comment l'Apocalypse appelle-t-elle Babylone la grande ? Apocalypse 17 : 5.

L'ABOMINATION DE LA DESOLATION

(papauté)- PASSE, PRESENT, FUTUR

10. Comment Dieu décrit-il la Bête d'Apocalypse 17 ?

EN VOICI L'EXPLICATION

11. Quels pouvoirs sont représentés par les sept montagnes ?

Apocalypse 17 : 9 - 11

12. ANALYSONS l

13. Combien existe ? *Apocalypse 13 : 3*

14. Qui est-il celui-là qui *« est »* ?

15. Mais que devait-il se passer ensuite dans la chronologie des successions a la tête de la bête ?

16. Que déclare la Bible sur ce personnage ?

17. Est-il vérifié ainsi ?

18. Enfin qu'annonce-t-elle pour la fin ?

19. Quel est le terme employé pour mettre fin a son règne ?

Apocalypse 13 : 3

20. Comparer les termes employés ici pour identifier cette bête ?

II Théssaloniciens 2 : 1 - 3

21. Qu'est-il en réalité ?

COMMENT SA FIN ARRIVERA-T-ELLE ? RECAPITULONS SUR CES EVENEMENTS DANS UN GRAPHIQUE !

DATES IMPORTANTES LORS DE LA GUERISON DE LA BLESSURE DE LA BETE ET DE SON RETABLISSEMENT : Apocalypse 13
(LE ROI QUI DOIT RESTER LONGTEMPS, car « Un existe » = 27 ans)

22. Que représentent les dix cornes ? *Apocalypse 17 : 12*

23. Et comment sera détruit cet homme impie, fils de la perdition, celui qui se fera Dieu et adorer dans le temple de Dieu ? *2 Théssaloniciens 2 : 8*

PROPHETIES DECRIVANT LA DESTRUCTION DU VATICAN, MAIS EN EPARGNANT POUR UN TEMPS SON ACTUEL CHEF : FRANÇOIS 1ER

24. A quel moment exactement doit croître la force de l'adversaire de Dieu, l'homme impie, le Fils de la perdition ? *Daniel 8 : 23-24*

25. Comment et par qui sera détruit cette puissance religieuse ?
Apocalypse 17 : 16

26. Mais comprenons-nous dans le même temps, l'urgence d'être en communion parfaite avec Dieu par Jésus-Christ, en cette fin de l'histoire ?

27. Que dit la Bible de la destruction du roi artificieux du livre de Daniel ? *Daniel 8 : 25*

28. Et d'ailleurs comment devraient être détruit les royaumes de la terre d'après le songe de Daniel au Roi Nebucadnetsar ? *Daniel 2 : 44-45*

29. Comment est caractérisé ce roi-là ? *Daniel 8 : 23*

DANS LA MEME COLLECTION D'ETUDE BIBLIQUE :

1. LA PLUS LONGUE PROPHETIE DE LA BIBLE ; TITRE I, LE BAPTEME DE JESUS-CHRIST, L'ONCTION DU SAINT DES SAINTS.
2. LA PLUS LONGUE PROPHETIE DE LA BIBLE ; TITRE II, LA PURIFICATION DU SANCTUAIRE, SATAN EST CHASSE HORS DU CIEL.
3. LA FIN DU MONDE DANS LA BIBLE ET LE SIGNE DE LA BETE, LE « 666 ».
4. LE GRAND SIGNE DE LA BETE, LE (666) REVELE.
5. COMMENT LES HOMMES ONT-ILS DEJA PRIS LE (666) LE SIGNE DE LA BETE SUR LE FRONT ?
6. COMMENT LES HOMMES ONT-ILS DEJA PRIS LE (666) LE SIGNE DE LA BETE SUR LA MAIN ?
7. LES DIX COMMANDEMENTS DE DIEU ET LE SALUT EN JESUS-CHRIST.
8. LA DIME, LE PECHE DE JUDAS DANS L'EGLISE CONTEMPORAINE APOSTASIEE.
9. QUELS SONT LES AUTRES SIGNES DE LA BETE ?
10. LE FONCTIONNEMENT DE L'EGLISE APOSTAT.

11. LE PARADIS ET L'ESPERANCE CHRETIENNE.
12. L'EGLISE, LES CHRETIENS.
13. QUI EST LE VRAI DIEU ?
14. IL YA UN SEUL DIEU !
15. IL YA UN SEUL SEIGNEUR !
16. IL YA UN SEUL ESPRIT !
17. IL YA UNE SEULE FOI !
18. IL YA UNE SEULE ESPERANCE !
19. IL YA UN SEUL CORPS !
20. IL YA UN SEUL BAPTEME !
21. LE SCEAU DE DIEU DANS L'APOCALYPSE.
22. LE SCEAU DU DIABLE DANS L'APOCALYPSE.
23. LE JOUR OU LE VATICAN, LA GRANDE PROSTITUEE, LA MERE DES IMPUDIQUES SERA DETRUITE.
24. VOICI LE GRAND SIGNE DE LA FIN DES TEMPS, ET DU RETOUR DE JESUS-CHRIST.
25. LE MOUVEMENT ISLAMIQUE DECRIT DANS LE LIVRE DE L'APOCALYPSE.
26. LA DERNIERE EGLISE, LES 144 000, LE RETOUR DU SEIGNEUR JESUS-CHRIST, ET L'ETERNITE.
27. VINGT ET SEPTIEME ECRITURE : LE TEMOIGNAGE ! VIE ET TEMOIGNAGES CHRETIEN !

Printed by Books on Demand GmbH, Norderstedt / Germany